Katharina Heimerl, Andreas Heller,
Frank Kittelberger

Daheim sterben

Palliative Kultur im Pflegeheim

LAMBERTUS

Katharina Heimerl, Andreas Heller,
Frank Kittelberger

Daheim sterben

Palliative Kultur im Pflegeheim

Lambertus

Palliative Care und OrganisationsEthik
Band 11
Herausgegeben von Katharina Heimerl, Andreas Heller,
Stein Husebø, Marina Kojer und Christian Metz

ISBN 3-7841-1589-6

Umschlag: Christa Berger, Solingen
Gestaltung, Satz: Ursi Anna Aeschbacher, Biel-Bienne
Herstellung: Druckerei F.X. Stückle, Ettenheim

Bibliografische Information Der Deutschen Bibliothek

Die Deutsche Bibliothek verzeichnet diese Publikation in der Deutschen Nationalbibliografie; detaillierte bibliografische Daten sind im Internet über http://dnb.ddb.de abrufbar.

Inhalt

Vorwort

Ich kann mich noch sehr gut an mein Vorstellungsgespräch beim Hauptausschuss der Inneren Mission München erinnern, als ich gefragt wurde, ob ich denn als damals sehr junger Leiter eines Alten- und Pflegeheimes mit der Thematik Tod und Sterben, die ja in einer solchen Einrichtung eine sehr wichtige sei, umgehen könne. Ich habe ohne weitere Überlegung und ohne auf einen großen Erfahrungsschatz in dieser Thematik zurückgreifen zu können aus meinem christlichen Grundverständnis heraus geantwortet, dass für mich Tod und Sterben ein Teil jedes Lebensweges seien und ganz einfach zu jedem Leben gehören. Dass Tod und Sterben und der Umgang damit in einem Pflegeheim ein wichtiges Thema sind, und dass meine Aussagen im Bewerbungsgespräch alles andere als falsch waren, habe ich dann in meiner praktischen Arbeit in vielen Gesprächen mit Bewohnern, Angehörigen, Mitarbeitern, Ärzten oder auch Ehrenamtlichen immer wieder erfahren. Ebenso, dass ein Pflegeheim unseren Bewohnern ein Heim, ein vertrautes „Zuhause" auf ihrem letzten „Wegstück" wird, in dem sie auch bis zum Ende bleiben möchten. Weiter wurde mir auch schnell bewusst, dass sich mit dieser wichtigen und notwendigen Thematik auch meine Kolleginnen und Kollegen in unseren anderen Pflegeheimen auseinander setzten und dass der Hospizgedanke in unseren Einrichtungen auch vor Beginn unseres Projekts im Herbst 2001 schon verwurzelt war und auch diskutiert und sogar in vielerlei Hinsicht gelebt wurde. Nun galt es, als nächsten Schritt diese fundamental wichtige und gelebte Sache zum haus- und abteilungsübergreifenden Schwerpunktthema mit Wirkung nach Innen und nach Außen zu machen. Unsere Grundlage, diese Thematik zu einem Projekt zu machen, finden wir in unserem Leitbild, in dem es heißt:

> Jeder Heimbewohner hat das Recht, mit Respekt und Würde behandelt zu werden, wobei sich unsere Pflege in erster Linie an den Bedürfnissen der Menschen orientiert.
>
> Wir betrachten es als unsere Pflicht, dem Bewohner während des Pflegeprozesses größtmögliches Mitspracherecht zu gewähren. Ein wichtiger Aspekt sind Familienmitglieder, Freunde und Bekannte, die als Bezugspersonen bei den Überlegungen in den Pflegeprozess integriert werden.
>
> Als Geschöpf Gottes hat ein jeder Mensch eine unverlierbare Würde, die wir achten und pflegen. So schließt die Hilfe im Leben auch die Begleitung im Sterben ein.

Aus dieser Passage wird absolut deutlich, dass sich unsere Pflege und Begleitung in erster Linie an den Bedürfnissen unserer Bewohner, die wir als Geschöpfe Gottes im Leben und im Sterben begleiten wollen, orientiert. Das heißt, wir sehen uns trotz zunehmend kürzerer Verweildauern unserer Bewohner

nicht als reine Sterbehäuser, sondern als Orte, an denen „Leben bis zuletzt“ möglich ist. Dank einer großzügigen Spende konnten wir im Herbst 2001 unter Leitung von Herrn Pfarrer Frank Kittelberger, einen in dieser Thematik erfahrenen Fachmann, das Projekt „Leben bis zuletzt“ in Auftrag geben. Bei der Auswahl unserer Kooperationspartner, dem IFF unter der Federführung von Frau Dr. Katharina Heimerl und Herrn Prof. Dr. Andreas Heller aus Wien und dem Christophorus Hospiz Verein unter der Federführung von Christel Orth, München und Martin Alsheimer, Ingolstadt, die uns durch ihre Begleitung, Reflektion und praktische Mitarbeit elementar unterstützt haben, haben wir eine glückliche Hand gehabt. Gerne möchte ich mich an dieser Stelle auch bei der Bayerischen Stiftung Hospiz, namentlich beim Stiftungsratsvorsitzenden Herrn Dr. Thomas Binsack, München, bedanken, die unser Modellprojekt inhaltlich, ideell und materiell aufgenommen und unterstützt hat.
Ergebnisse unseres Projekts sind nicht nur ehrenamtliche Hospizhelfer, ausgebildete „Palliative Care Pflegefachkräfte“, für die Thematik offenere oder schulungsbereite Ärzte, sondern „Palliative Care“ und Hospizarbeit wurden zu einem Schwerpunktthema unserer Arbeit an sich, was auch maßgeblich zur „corporate identity“ unserer Mitarbeiter und zu einer hausübergreifenden vernetzten Arbeit beigetragen hat. Und das in einer Zeit, in der es durch die Angebotsvielfalt auch in der Altenhilfe immer wichtiger wird, ein eigenes Profil zu zeigen, ein Profil, das wesentlich auf das „Kerngeschäft“, nämlich die Pflege

und Betreuung alter und kranker Menschen auf ihrem letzten Lebensabschnitt, bezogen ist und das seine Grundlage in unserem Leitbild und im ethischen und religiösen Bereich hat. Die Thematik Tod und Sterben findet sich mittlerweile auch in unseren Pflegestandards und in unserem Qualitätsmanagementsystem. Sie ist Bestandteil jedes Einstellungsgespräches bei neuen Pflegekräften und ebenso bei Aufnahmegesprächen mit zukünftigen Bewohnern oder Angehörigen. Es ist ein Thema, über das man spricht und mit dem wir im weitesten Sinne sogar werben.
Notwendig ist natürlich, dass der Prozess, in dem wir uns befinden, auch nach der Projektphase weiter geführt wird und als Modell auch in andere Einrichtungen übertragbar ist. Trotz einer leider immer noch fehlenden finanziellen Absicherung dieser wichtigen Arbeit, wird es auch in Zukunft für unsere Einrichtungen immer wichtiger, im „Pflegemarkt" unser diakonisches Profil zu zeigen. Und dazu gehört ganz maßgeblich die Hospizarbeit. Ich danke deswegen allen, die sich im Projekt „Leben bis zuletzt" der Inneren Mission München und darüber hinaus für dieses wichtige Anliegen engagieren und wünsche Ihnen dafür weiterhin viel Kraft und Gottes Segen.

Gerhard Prölß, Abteilungsleiter Altenhilfe

(1) Ein Projekt und seine Nachhaltigkeit

Viele Menschen sind am Zustandekommen dieses Bandes beteiligt und an sie geht unser Dank: Zuallererst die Mitarbeiterinnen in der Altenhilfe der IMM, die mit ihrem Engagement das Projekt getragen und dieses Buch ermöglicht haben.
Beauftragt wurde das Projekt von Günther Prölß, Leiter der Abteilung Altenhilfe der IMM – ohne ihn und ohne seinen Glauben daran, dass Veränderungen möglich ist, gäbe es weder Projekt noch Buch. Danken wollen wir auch Ilona Wenger vom IFF für die Sorgfalt, mit der sie den Text lektoriert hat.

Nachhaltigkeit der Projektergebnisse

Projekte hinterlassen in und zwischen Organisationen nicht selten eine neue Aufmerksamkeit und irreversible Achtsamkeit. Sie etablieren eine ruhige Verständigung über den Alltag, Gelassenheiten in der Krise und ein mehr oder weniger explizites Alarmsystem. In ihnen und durch sie wird möglich zu thematisieren, was sonst nicht thematisierbar war. Hinter die Erkenntnisse, die ein Projekt bei den Personen generiert hat, kann man nicht mehr zurück. Entscheidend aber ist, ob und in welcher Nachhaltigkeit diese Erkenntnisse in der Organisati-

on verankert wurden. Und wie sichergestellt wurde, dass der Prozess ihrer Bearbeitung fortgesetzt wird. Geschieht dies nicht, werden die Aufbruchbewegungen von Projekten gedämpft. Oft schlägt dann die Euphorie, die emotionale und fachliche Identifikation in Enttäuschung, Resignation und Rückzug um. Die Leitung wechselt. Andere Themen haben Konjunktur. Das Ökonomische (die Sachzwänge) dominiert das Inhaltliche, das Gute. Das Projekt existiert nach einiger Zeit als vielleicht nur noch nostalgisch verklärte Erinnerung, die sich die Teilnehmenden von damals im Modus historischer Klassentreffenkommunikation erzählen. Wirkungslos für die Gegenwart. Einer Seifenblase gleich, die zerplatzt ist und wie ein Märchen nur noch in der Vergangenheitsform erzählt wird. Es war einmal ...
Um die Dynamik und Sprengkraft des Projektes lebendig zu halten und das erworbene Wissen für die Weiterentwicklung zu sichern, und das nicht nur in München – darum entstand dieses Buch.

(2) Leben bis zuletzt – ein Projekt der Inneren Mission München

Seit Frühjahr 2001 existiert in der Diakonie in München ein Projekt zur Integration der Hospizidee in die stationäre Altenhilfe.
Das Projekt „Leben bis zuletzt – Palliativbetreuung in den Alten- und Pflegeheimen der Inneren Mission München (IMM)" orientiert sich an Grundsätzen und Erkenntnissen der Hospizarbeit und an palliativem Denken und Handeln.
In vier großen Heimen sowie einem kleineren gerontopsychiatrischen Haus soll – entsprechend dem Leitbild der Diakonie „Hilfe im Leben" – ein menschenwürdiges Sterben und Abschiednehmen ermöglicht werden.
Bewohnerinnen und Mitarbeiterinnen wurden ausführlich befragt und an der Umsetzung des Projektes beteiligt. So wird die Kultur der Häuser rund um das Erleben von Sterben, Tod und Abschied derart gestaltet, dass palliativpflegerische und palliativmedizinische Maßstäbe angelegt werden können, wo dies die Lage der Betroffenen erfordert. Die Selbstbestimmung der Bewohnerinnen und ihrer Angehörigen stehen im Mittelpunkt.
Die Strukturen und Arbeitsabläufe sowie die Motivation und Fortbildung der Mitarbeiterinnen sind

ebenso im Blick, wie der Grundsatz der Interdisziplinarität und die Vernetzung mit allen beteiligten Fachkräften innerhalb und außerhalb der Häuser. Aus einem Konzept ist inzwischen vielfältige Praxis geworden, die von neuen und alten Ideen lebt und vielfach zu neuer Routine führt. Davon erzählt dieses Buch.

Kooperationspartner im Projekt

Das Projekt hat andere Heimträger und die Hospizbewegung beeinflusst. Das Projekt hat sich aber auch selbst beeinflussen lassen. Offen und lernbereit wurden Anregungen und Kritik gesammelt. Das Projekt neigt sich dem Ende zu – die Entwicklung jedoch geht weiter. In zwei neuen Heimen der IMM soll die Implementierung von der Grundsteinlegung an betrieben werden. Das Wissen aus dem Projekt verbreitet sich bundesweit. Es ist ein Wissen, das in der Zusammenarbeit zwischen der Abteilung Altenhilfe der IMM, ihren Alten- und Pflegeheimen und ihrem Projektleiter einerseits, dem Christophorus Hospizverein in München, der IFF[1] in Wien und der Bayerischen Hospizstiftung andererseits entstanden ist. Die enge und vielfältige Kooperation tut dem Projekt gut. Nur durch diese Zusammenarbeit ent-

1 Fakultät für Interdisziplinäre Forschung und Fortbildung der Universität Klagenfurt, Abteilung Palliative Care und OrganisationsEthik, Wien.

stand ein offenes, flexibles nach innen und außen wirksames Projekt. Auch davon erzählt dieses Buch.

Zwischen Standards und unverbindlichen Erzählungen

Als Konsequenz des Projektes wurden Fachtagungen veranstaltet, Wissen weiter vernetzt und schließlich ein Leitfaden zur Implementierung (Kittelberger 2002b) geschrieben. Diese Arbeit ist nicht abgeschlossen. Immer noch tragen sich die Kooperationspartner mit dem Gedanken, aus dem Projekt heraus Standards zu formulieren. Dies ist ein schwieriges Thema, weil die je individuelle Situation von Menschen am Lebensende stets individuelles Vorgehen erfordert. Gleichzeitig ist es unabdingbar, operationalisierbare Schritte eines solchen Prozesses zu beschreiben. Andere Heime sollen vom Projekt der IMM profitieren, ohne ihre spezifischen Ausgangsbedingungen verleugnen zu müssen. Gesucht ist ein Mittelweg zwischen einengenden Vorgaben und unverbindlichen Erzählungen. Auch darum entstand dieses Buch.

(3) Worauf wir uns einlassen: die Ausgangslage

Unsere Gesellschaft ist eine alternde Gesellschaft

Die Ausgangslage lässt sich mit wenigen Worten beschreiben:
Unsere Bevölkerung wir immer älter. Fragen der Pflege und Versorgung alter und hochbetagter Menschen werden an Bedeutung gewinnen und nach Antworten drängen. Zu diesen Fragen gehört auch die nach dem Sterben. Zwar ist es das Ziel vieler Anstrengungen, ein möglichst langes und umsorgtes Leben zu Hause zu ermöglichen, aber die meisten Menschen sterben in einer Institution. Auch in Zukunft werden Krankenhäuser und in zunehmendem Maße auch Alten- und Pflegeheime die Orte des Sterbens sein. Dies fordert Alten- und Pflegeheime, die ohnehin schon kritisch beäugt werden, heraus. Palliativbetreuung, wie sie hier verstanden ist, wird zukünftig der Schwerpunkt im Pflegeverständnis der stationären Altenpflege sein (Kittelberger 2004, Heller et al. 2003). Der gelingende Umgang mit Sterben, Tod und Trauer wird zunehmend zur Kernkompetenz von Einrichtungen der Langzeitpflege (Reitinger et al. 2004). Dazu haben wir in den vergangenen Jahren viel von der Palliativmedizin, der Palliativpflege und der Hospizarbeit gelernt.

Europaweite Entwicklungen

Europaweit können wir aufregende Entwicklungen beobachten. Würdig sterben, der Umgang mit Sterbenden sind Thema geworden. Es sind nicht mehr nur einige Idealisten, die sich engagieren. Endlich findet sich das Thema auf den Tagesordnungen der Parlamente, vom Europarat bis hin zu den Kommunen. Und es wird neu diskutiert. Unter Fachleuten herrscht seit einiger Zeit Konsens: Menschenwürdiges Sterben, die gute und kompetente Behandlung und Begleitung Sterbender und ihrer Angehörigen muss ein fester Bestandteil der Regelversorgung werden (Reitinger und Wegleitner 2004).

Rechtsanspruch auf kompetente Versorgung am Lebensende

Es geht zum Beispiel um Antworten auf die Frage: „Wie kommt das Hospizliche in das Altenheim?". Die Antwort ist ganz einfach. Jeder Bürger, jede Bürgerin hat einen Rechtsanspruch auf kompetente Versorgung am Lebensende. Was das konkret sein soll, das hat sich durch Hospizbewegung und Palliative Care mittlerweile erklärt. Es sind Gegenkonzepte zu einer Entkriminalisierung der aktiven Euthanasie oder des assistierten Suizids.

Ein solcher Rechtsanspruch ist in Deutschland noch nicht etabliert, andere Länder (z.B. Luxemburg) haben ihn formuliert, in unterschiedlichen europäischen Regionen (z.B. Kanton Thurgau) gibt es Initiativen dazu. Der Europarat hat den Mitgliedsstaaten empfohlen, Palliativversorgung auf die Agenda der Gesundheitspolitik zu setzen. Die WHO-Weltgesundheitsorganisation/Europa hat erst im letzten Jahr darauf aufmerksam gemacht, dass gerade alte Menschen an Unter-, Über- und Fehlbehandlung in ihren letzten Tagen und Wochen leiden. Und dass vor allem der Zugang zu guter palliativer und hospizlicher Versorgung nicht leicht ist (WHO 2004).

„Daheim" sterben

Wenn es noch eine Interpretation des Artikel 1 des deutschen Grundgesetzes braucht, „Die Würde des Menschen ist unantastbar", so gilt es, diesen Schlüssel zur deutschen Verfassung zu nutzen, um die Würde bis zuletzt als eine Praxis in den deutschen Alten- und Pflegeheimen einzuführen. Menschen sollten dort sterben können, wo sie gelebt, geliebt und gearbeitet haben. Dieses „Sterben daheim" ist der größte Wunsch der Bevölkerung (Zulehner 2001). Daheim ist hier nicht als eine bestimmte Wohnadresse aufzufassen, sondern als „soziales Daheim". Damit ist auch die größte Herausforderung für Pflegeheime benannt: ob und inwieweit die bisherigen Strukturen der stationären Altenversorgung den Freiheits- und Persönlichkeitsanspruch der Bewohnerinnen sichern, schützen und ermöglichen können, ob und inwieweit sie zum „sozialen Daheim" für ihre Bewohnerinnen werden. Davon wird das Überleben dieser Einrichtungen abhängen.

Was ist Palliative Care?

Palliative Care ist mittlerweile ein weltweit anerkanntes Konzept. In verschiedenen Definitionsschritten hat die WHO (1990, 2004, Sepulveda 2002), dieses Konzept gesetzt, modifiziert und den neueren Entwicklungen angepasst.
Der wichtigste Schlüssel zum Verständnis ist die interprofessionelle Kommunikation mit den Betroffenen selber und ihren Angehörigen und Bezugspersonen. (Wann beginnt die palliative Behandlung, wann endet die kurative? Lässt sich diese Frage überhaupt in dieser Gegensätzlichkeit stellen? Wie kann die Gewichtung von kurativen Maßnahmen vorgenommen und erneuert werden?) Erst in der Auseinandersetzung mit den Betroffenen beginnen die statisch scheinenden Definitionsmerkmale in Bewegung zu geraten, werden abstrakte Kriterien konkret und gelingt es, die Spannungspole auszubalancieren. Was bedeutet es im konkreten „Fall", im konkreten Schicksal den Tod und das Sterben als normale Vorgänge des Lebens zu betrachten; den Tod weder zu beschleunigen noch zu verzögern? Was heißt Linderung der Schmerzen und belastender Symptome und auf welche Weise kann dies geschehen? Und wie werden die psychischen und spirituellen Aspekte der Versorgung aufgenommen?

Und schließlich versteht die WHO (1990) Palliative Care als ein Unterstützungsangebot für die Angehörigen während der Erkrankung der Patientinnen aber auch über ihren Tod hinaus. Wie ist diese relevante Perspektive umzusetzen?

Die Grundsätze palliativen und hospizlichen Denkens

Wir verdanken dem Palliative Care-Ansatz die grundlegende Erkenntnis, dass eine würdevolle und eine menschliche Begleitung bis zuletzt nur dann möglich ist, wenn auf der Basis des ganzheitlichen Verständnisses des Menschen eine interdisziplinäre Betreuung aufgebaut wird. Dieser ganzheitlichen Sicht auf den Menschen entsprechen folgende Bedürfnisfelder: körperliche (somatische) Bedürfnisse; seelisch-geistige (psychische) Bedürfnisse; soziale und geistliche beziehungsweise spirituelle Bedürfnisse.
Auf diese Sicht des Menschen sind die Grundsätze palliativen und hospizlichen Denkens ausgerichtet:

- Grundsatz der würdevollen und ganzheitliche Versorgung und Begleitung der Betroffenen,
- Grundsatz der interdisziplinären Arbeit in multiprofessionellen Teams,
- Grundsatz der berufs- und bereichsübergreifenden Kooperation,
- Grundsatz der Orientierung an den Bedürfnissen und am Willen der Betroffenen,

- Grundsatz der Einbeziehung der Angehörigen,
- Grundsatz der Einbeziehung von Ehrenamtlichen,
- Grundsatz der fachlichen und haltungsmäßigen Vorbereitung, Begleitung und Aus- und WEiterbildung aller Mitarbeiterinnen,
- Grundsatz der nachgehenden Trauerbegleitung.

Die Grundsätze im Alltag nachhaltig verankern

Implementierung dieser Ideen und Prinzipien – so lautet das Ziel des Projektes „Leben bis zuletzt" – bedeutet, dass diese Grundsätze in den Betreuungsalltag übertragen werden. Damit ist nicht einfach gemeint, den Hospizverein ins Heim zu holen (etwa durch den Einsatz von Hospizhelfern). Das gehört zwar dazu, aber es geht um anderes, es geht um mehr! Es geht darum, die Idee zu verstehen und dann in die Form der stationären Pflege zu gießen. Was dann entsteht, kann ganz anders aussehen, als ambulante Hospizarbeit zu Hause oder die Betreuung in einem stationären Hospiz. Es ist etwas Eigenes mit eigenem Wert und eigener Gestalt. Wir nennen es Palliativbetreuung in der stationären Altenpflege. Es geht nicht um Hospizarbeit im Heim, sondern um Hospizarbeit durch das Heim.
Es geht um palliative Versorgung im kommunalen Lebenszusammenhang.

(4) Das Diakonische konkretisieren

Das diakonische Selbstverständnis des Projektes

Die Innere Mission in München hat in einem beispielgebenden Prozess ihr eigenes Selbstverständnis als diakonischer Träger konkretisiert und Schritte in Richtung menschenwürdiges Sterben in ihren Pflegeheimen gesetzt.
Die Verschiebung des Krankheitspanoramas und der Wandel im demographischen Aufbau der Bevölkerung werfen das Licht auf Bevölkerungsgruppen, die in der landläufigen Palliativversorgung nicht im Fokus der Aufmerksamkeit waren. Zunächst standen Patientinnen mit onkologischen Erkrankungen im Mittelpunkt des Versorgungsinteresses. Und bis heute ist der Versorgungsalltag auf einer Palliativstation und in vielen Hospizen vom Bedarf und den Bedürfnissen dieser Patientinnengruppe geprägt. Zwar wurde so die Versorgung von Krebserkrankten in der letzten Lebensphase enorm verbessert. Gleichzeitig wurde immer deutlicher, dass es viele andere Gruppen gibt, die eine bessere Versorgung am Lebensende brauchen: die Alten und gerontopsychiatrisch Erkrankten, die neurologisch und chronisch Kranken und die behinderten Menschen, aber leider auch Kinder. Dass einer Mehrheit von ihnen der Zugang zu

einer adäquaten palliativen Versorgung verwehrt ist, sehen wir als ein gesellschaftlich hochrelevantes sozialethisches Problem an.
Hier stellt sich nachhaltig die Frage nach der Verteilungsgerechtigkeit der Mittel im Sozial- und Gesundheitssystem. Nicht erst für eine diakonische Einrichtung kann das heißen, Palliative Care als integrierten Bestandteil der gesamten Versorgung zu sehen und zu implementieren.
Genau diese ethisch-diakonische Herausforderung greift das Projekt der IMM auf. Die Zielsetzungen münden darin, einen Prozess in Gang zu setzen, so dass regelmäßig und nachhaltig Behandlung, Betreuung und Begleitung von alt werdenden Menschen in Würde stattfinden. Von Anfang an war die Sterbebegleitung und die Integration des Hospizlichen in die gesamte IMM im Blick und dezidiertes Interesse der Leitung.

Der Widerspruch von Leben und Tod ist nicht auflösbar

Charakteristisch für solche Fragen ist, dass diese Widersprüche bleiben und nicht einseitig aufgelöst werden können. Man muss sie aushalten und ausbalancieren und dazu braucht es Kommunikation und Formen des Austausches und des Miteinanderringens. Dazu gibt es keine Alternative. Palliative Care ist ja kein Produkt, das an ein Bett gebracht werden kann. Standardisiert und steril verpackt.

Palliative Care selbst ist ein Prozess und ein Ergebnis. Es braucht daher immer wieder neu die Beteiligung der Betroffenen und ihrer Angehörigen. Das Aufnehmen ihrer Perspektive, erst recht wenn sie sich nicht mehr mündlich, verbal mitteilen kann. Und es braucht die Gedanken und Gefühle, die Kompetenz und die Fachlichkeit der Helfenden.
Palliative Care ist also kein Monopol einer Berufsgruppe. Vielmehr sind die Bedürfnisse der Betroffenen der Anlass, sich buchstäblich zusammenzusetzen, um sich auseinander zu setzen. In diesen berufs- und bereichsübergreifenden Foren beginnt der intensive Prozess einer guten Versorgung am Lebensende, der „Orchestrierung des Lebensendes" (Loewy 2000). Allein in dieser Perspektive ist angedeutet, dass Versorgung, Care, umfassender zu verstehen ist, als es in den Begrenzungen einer Organisation abgedeckt und aufgenommen werden kann.

Was heißt Care?

Auch die IMM steht in einer langen diakonischen Tradition des Helfens. Hier wurde eine spezifische Kultur der Fürsorge entwickelt. Sie speiste sich aus dem überkommenen Anstaltswesen. Die modernisierte Variante stellt in guter protestantischer Theologie das Subjekt in den Mittelpunkt: Seine Lebensgeschichte und sein Lebensschicksal sind Ausgangspunkte diakonisch motivierter und multiprofessionell erbrachter Dienstleistungen. Von der Fürsorge zur Mitsorge (Degen 2003) kann dieses Paradigma beschrieben werden. In der Hospiz- und Palliativversorgung hat die norwegische Zeitschrift Omsorg, die Stein Husebø gegründet hat, diesen Hilfeanspruch in den Titel aufgenommen. Es geht um UMSORGEN. Das ist die Umkehrung des klassischen Hilfeparadigmas. Hilfe realisiert sich nicht von oben nach unten. Die Gesunden helfen den Kranken, die Starken den Schwachen, die Lebenden den Sterbenden. Die theologische Erkenntnis, dass gerade in den Schwachen Jesus selbst (Mt 25) begegnet, kehrt diese Asymmetrie des Helfens um. Die Kranken selbst sind der Erscheinungsort Gottes. In und durch sie kann erfahren und gesehen werden, was der Auftrag (einer diakonischen Einrichtung) ist und was das Gebot der Stunde. Sie ermöglichen zu helfen, sie als Nächste zu lieben. Klingt dies zu alteuropäisch, zu altdiakonisch, zu wenig professionell? Diakonie ist dabei, ihr eigenes Selbstverständnis neu zu interpretieren. Hospizarbeit ist eine moderne Konkretisierung der Nächstenliebe. Jahrhunderte lang zählte es zu den Tugenden der Barmherzigkeit, die Kranken und Sterbenden zu besuchen, die Toten zu bestatten und die Trauernden zu trösten. Nicht gleichgültig zu sein gegenüber dem Schicksal des anderen, wird in einer hochgradig individualisierten Gesellschaft wieder zu einem Wert. In einer Spendenbereitschaft drückt sich auch diese Fähigkeit zum Mitleid aus. Es geht im Umsorgen der Schwachen um eine neue Haltung der empathischen Achtung, einer Fähigkeit zur Achtsamkeit (Conradi 2001) und Wachsamkeit.

Das Diakonische konkretisiert sich

Die leidige Frage nach „dem Diakonischen", „dem Christlichen" kann nicht im Sinne der Zertifizierungsbürokratie abgehakt, sondern muss prozessual in den Alltagshandlungen, auf den Stationen, in der Haltung und im Umgang mit alten verwirrten Menschen und ihren oft überforderten Angehörigen zur Geltung gebracht werden. Es ist oft so, dass die Auseinandersetzung mit dem Sterben und den Sterbenden viele andere existenzielle Fragen und Probleme an die Oberfläche spült. Wenn sie aufgenommen werden, beginnt ein humanitärer Prozess.
Interprofessionalität und Integration sind notwendige Voraussetzungen für gute Versorgung. Und die Fragmentierung darf sich vom Selbstanspruch gerade in der Diakonie nicht wiederholen. Man würde sich eines enormen Wettbewerbsvorteils beheben, auf weite Verständnislosigkeit bei den Patientinnen und ihren Angehörigen stoßen. Die eigenen Mitarbeiterinnen schließlich würden einer zentralen Motivationsgrundlage ihres professionellen Handelns beraubt. Nicht zuletzt ist in all diesen Fragen die ökonomische Rationalität – der Bezugsrahmen der Ermöglichung und Limitierung – thematisiert.
Es braucht selbstverständlich eine Leitung als Auftraggeberin, die nachhaltig das Thema will und auf

die Tagesordnung setzt. Es muss klar sein: Mehr denn je muss Christlichkeit organisational verankert werden. Sie ist ja nicht allein in der Haltung einzelner glaubwürdiger und engagierter Menschen auszudrücken. Mehr denn je müssen die kirchlichen Organisationen sich selbst als christlich erweisen, das heißt sich in Prozesse der Selbstentwicklung begeben, deren Ziel darin besteht, Barmherzigkeit oder das Diakonische nicht zu personalisieren, sondern zum Bestandteil der Organisation zu machen (vgl. Heller, Krobath 2003).

Die Auseinandersetzung mit dem Sterben macht lebendiger

Die Vitalisierung, die durch das Palliative Care Projekt entstanden ist, verdient eine eigene Reflexivität. Zunächst ist es erstaunlich, dass in Zeiten von Zertifizierungen, Optimierungs- und Qualitätsprozessen überhaupt ein inhaltliches Thema noch Energie und Kreativität von Menschen mobilisiert.
Die Themen Sterben, Abschiednehmen und Trauer sind zentrale Anliegen aller Gesundheitsberufe. Vielleicht steht bei nicht wenigen in diesen Themen die Ursprungsmotivation, das Feuer der Begeisterung des Anfangs auf dem Spiel, von Beginn der Berufswahl der Ausbildung und des Studiums: Es ist sinnvoll zu helfen. Leben wird reicher im Austausch mit anderen im Dasein für und mit ihnen.
Die geteilten Erfahrungen am Lebensende stiften oft eine neue Form der Solidarität, des Daseins und

Aushaltens zwischen Menschen, ja sie machen eigentlich vor jeder professionellen Differenzierung das Gemeinsame deutlich. Was uns Menschen gemeinsam ist, ist ja die Hilflosigkeit und Angst angesichts des Todes, die emotionale Überforderung und die Tränen, die wir weinen können angesichts der Tränen anderer, das elementare Gefühl des Mitleids. Niemand hat festen Boden unter seinen Füßen und sich auf die schwankenden Planken existenzieller Ausgeliefertheit zu begeben, verweist aufeinander und macht uns selbst zu Angewiesenen.
Im Sterben verdichtet sich das Leben. In vielen kleinen Erfahrungen leuchten im Sterben Momente des ganzen Lebens, Glück und Unglück, Streit und Versöhnung, Liebe und Hass, Reden und Schweigen, Klage und Lob. In der Auseinandersetzung damit wird die Frage nach dem Sinn und Unsinn etwa im Umgang mit verbleibender Zeit anschaulicher, greifbarer. Die sinnstiftende Frage: Was ist wichtig und unwichtig in meinem Leben? – bekommt angesichts der Erfahrung von zeitlicher Lebensbegrenzung der Sterbenden auch für die Helfenden eine eigene existenzielle Dramatik.
Kurz: Man ist selbst in der Behandlung, Betreuung und Begleitung an einer menschlich bedeutsamen und wichtigen Aufgabe beteiligt, kommt persönlich als Mit-Mensch und als Experte vor, kann einen sinnvollen Beitrag zur Vermenschlichung und für die eigene Selbstmotivation leisten.

(5) Die Bewohner und Bewohnerinnen

Die Bewohnerinnen befragen, wie geht denn das?

Jede Heimbewohnerin und jede Mitarbeiterin hat eine einzigartige Sichtweise auf das, was er oder sie tut. Daher kann jeder zu einer guten Kultur des Sterbens beitragen. Zu allererst geht es also darum, die Bewohner und Bewohnerinnen zu fragen, was ihre Wünsche sind – beziehungsweise, was sie nicht wollen. Denn das ist für viele leichter zu sagen.
Die Bewohnerinnen befragen, wie geht denn das?
Teilen Sie einen Fragebogen aus, die Bewohnerinnen werden ihn nicht lesen können. Wenn doch, so erhalten sie viele angekreuzte Fragebögen, die direkt oder nach Auswertung in einer Schublade verschwinden.
Beauftragen Sie ein Institut die Befragung zu machen: Das Institut wird dann sehr genau wissen, was die Bewohnerinnen gesagt haben. Aber Sie als Mitarbeiterin im Heim, als Heimleitung, als Pflegedienstleitung wissen Sie es auch?

Befragen Sie Ihre Bewohnerinnen selbst

Das erfordert Mut, aber es lohnt sich auch. Ein Gesprächsleitfaden, den Sie vorab gemeinsam erstellen, unterstützt Sie bei der Gesprächsführung. Der Leitfaden enthält alle jene Fragen, auf die Sie Antworten haben wollen. Er enthält alles das nicht, was Sie nicht wissen wollen. In einem Workshop zur Auswertung können alle Mitarbeiterinnen, die Gespräche mit den Bewohnerinnen geführt haben, ihre Erfahrungen miteinander austauschen. Das ist auch der Ort, wo die ersten Veränderungsideen entstehen, die durch die Gespräche mit den Bewohnerinnen angeregt wurden (Heimerl 2000).

Worin bestehen die Wünsche der Bewohnerinnen?

Beispielhaft sollen hier Ergebnisse aus der Befragung der Bewohnerinnen im Alten- und Pflegeheim Ebenhausen der Inneren Mission München angeführt werden („Leben bis zuletzt“ 2002).
In erster Linie wünschen sich Bewohnerinnen ausreichende Schmerztherapie. Eine Bewohnerin drückt das so aus: „Ich vertraue meiner Ärztin, falls ich Schmerzen habe. Dass sie mich mit ausreichend Schmerzmitteln versorgt, dass ich nicht leiden muss.“
Die Bewohnerinnen drücken ihre Angst vor Verlust und Einsamkeit aus: „Wie er gestorben ist, war ich

schon sehr traurig und verletzt, dass ich so allein übrig geblieben bin."
Deutlich ist auch die Angst vor Pflegebedürftigkeit und Demenz. In einem Protokoll eines Gespräches schreibt die interviewende Mitarbeiterin: „Die Bewohnerin verlangt, dass man sie wegsperrt, falls sie ebenso verwirrt wird."
In den Gesprächen geht es auch um den Wunsch nach Kontinuität und Regelmäßigkeit: „... wenn ich einmal eingewöhnt bin, möchte ich vielleicht auch keine Veränderung mehr."
Die Bewohnerinnen vermitteln, dass sie über den Tod sprechen möchten: „Ich habe das Gespräch als erlösend empfunden und möchte Sie als Bezugsperson behalten."
Angemessene Aufklärung wird als wichtig beschrieben: „Natürlich will ich über alles Bescheid wissen, wer sonst?"
Die Bewohnerinnen machen sich Gedanken über die Begleitung beim Sterben: „... die von der Hospizbewegung sollen da sein, wenn ich sie rufe."

Die Gespräche bringen Entlastung

Was es bedeutet, den Mut aufzubringen, mit den Bewohnerinnen des eigenen Alten- und Pflegeheimes ein Gespräch zum Thema Tod und Sterben zu führen, können nur die ermessen, die tatsächlich daran beteiligt sind. Die Mitarbeiterinnen des Alten- und Pflegeheimes Ebenhausen haben diesen Mut aufgebracht und sich auf diesen mühevollen Weg gemacht und sie haben dabei auch Entlastung erfahren. Das nächste Kapitel ist diesem Thema gewidmet.

Umsetzungsprojekte

Im Alten- und Pflegeheim Ebenhausen wurden vier Themengruppen zur Umsetzung der Ergebnisse der Bewohnerbefragung eingesetzt:

- Psychosoziale Betreuung der Bewohnerinnen,
- Umgang mit Notfällen und Kooperation mit Hausärzten,
- Seelsorge und Spiritualität,
- Unterstützungsangebote für Mitarbeiterinnen.

Die Themengruppen haben über vielen Monate an der Umsetzung von eigenen und von Bewohnerideen gearbeitet. Sie sind inzwischen abgeschlossen. Einzelne Beispiele für ihre Ergebnisse sind im weiteren Text zu finden.

(6) Die Mitarbeiter und Mitarbeiterinnen

Die wichtigste Ressource des Alten- und Pflegeheims sind seine Mitarbeiterinnen. Wie kann nun ein Projekt die Mitarbeitenden im Alten- und Pflegeheim erreichen?
Zwei Beispiele aus dem Projekt der IMM sollen hier genannt werden:

Die Ist-Analyse des Christophorus Hospizvereins

Drei Alten- und Pflegeheime der IMM (Leonhard-Henninger-Haus in München, Friedrich-Meinzolt-Haus in Dachau und Alten- und Pflegeheim Planegg) haben eine vom Christophorus Hospizverein entwickelte Ist-Stand-Analyse durchgeführt. Hier geht es darum, auf allen Stationen des Hauses moderierte Rundgespräche durchzuführen. In Teil 1 der Rundgespräche werden die Ressourcen der Station erhoben. Impuls dafür ist die Frage: „Was machen Sie im Rahmen der Sterbebegleitung? Womit sind sie zufrieden?" In Teil 2 geht es darum, die Probleme darzustellen (Impuls: Was erscheint Ihnen problematisch? Womit sind Sie unzufrieden?). Daran anschließend werden Maßnahmen erarbeitet. Die Analyse erfolgt entlang von 20 prozessorientierten Dimensionen, wie beispielsweise die Sammlung und Sicherung von Wünschen, die Unterstützung Angehöriger oder ehrenamtlicher Kräfte wie auch die öffentliche Darstellung (siehe auch Orth et al. 2002 und Alsheimer, o. Jz.).

Eine Bewohnerbefragung, die die Mitarbeiterinnen einbezieht

Aber auch die Gespräche mit den Bewohnerinnen, so wie sie im Kapitel 4 beschrieben wurden, entfalten eine besondere Wirkung für die Mitarbeiterinnen:

- Heimleitung und Mitarbeiterinnen setzen sich in den Workshops rund um die Befragung der Bewohnerinnen mit dem Umgang mit Tod und Sterben in ihrer Einrichtung auseinander.
- Wissen über gute Praxis und Routinen, das teilweise nur einige Mitarbeiterinnen beziehungsweise Leitungspersonen haben, kann in den Workshops zur Schulung und Auswertung ausgetauscht werden.
- Die wichtige Frage: „Wer schaut auf die Bedürfnisse der Mitarbeiterinnen?" kann angesprochen werden.
- Die Gespräche führen dazu, dass es einen engeren Kontakt zwischen Mitarbeiterinnen und Bewohnerinnen gibt.

- Tod und Sterben können im Alten- und Pflegeheim thematisiert werden und ermutigen zu weiteren Gesprächen.

Netzwerk Abschiedskultur

Nicht im Projekt der IMM, jedoch in anderen Projekten erprobt ist das „Netzwerk Abschiedskultur". Es ist ein Konzept, das die unterschiedlichen Akteure im Alten- und Pflegeheim einbezieht. Ein Katalog konkreter Fragen und ein darauf aufbauender Raster dienen Mitarbeiterinnen und Leitungskräften dazu, gemeinsam Gestaltungsmöglichkeiten am Lebensende vom Umzug ins Heim bis zur Trauerfeier aufzuzeigen und umzusetzen. In ihrem 2003 erschienenen Buch „Sterben im Pflegeheim" beschreiben Karin Wilkening und Roland Kunz, wie eine neue Abschiedskultur gelingen kann und welche Rolle das Netzwerk dabei spielt.

Fortbildung als Entwicklungschance

Befragt man die Mitarbeitenden, wird auch klar, dass es einen großen Bedarf an Fortbildung gibt. Dies betrifft einzelne Fortbildungen zu speziellen Themen, zum Beispiel zum Thema Patientenverfügung. Laden Sie zu einer solchen Fortbildung Mitarbeiterinnen aus mehreren Häusern Ihres Trägers ein, so können Sie den Tag oder die Tage gleichzeitig zur häuserübergreifenden Zusammenarbeit nutzen. Auch die Weiterbildung von einzelnen Mitarbeiterinnen zu Fachkräften in Palliative Care holt palliatives Wissen auf die Station oder in das Haus, speziell, wenn die Fachkräfte von der Leitung dazu ermutigt werden, ihr Wissen weiterzugeben.

Was haben die Mitarbeiterinnen vom Projekt?

Was bringt es den Mitarbeiterinnen, am Projekt „Leben bis zuletzt" teilzunehmen?
Zunächst bedeutet ein Projekt ja immer eine zusätzliche Belastung zum ohnehin schon komplexen Alltag. Dennoch können Mitarbeiterinnen sehr klar benennen, was das Projekt für sie im Alltag bedeutet:

> „Es wird immer deutlicher, dass wir alle an einem Strang ziehen. Dass verschiedene Bereiche unterschiedliche Arbeiten leisten, aber im Prinzip für eine Sache da sind: Zum Wohle des Patienten eben dieses Leben bis zuletzt zu ermöglichen."

> „Der Umgang untereinander hat sich verbessert. Man kann freier miteinander reden."

> „Ich hab das Gefühl, dass wesentlich mehr Leute offener mit dem Thema umgehen."[2]

---

2 Hörfunk Bayern 2: „Leben bis zuletzt" Hospizprojekt der IMM. Radiosendung am 9.2.2004, 22.30 Uhr.

Alle erreichen

Der nächste Schritt, der zu gehen ist, ist die Vertiefung und Verbreiterung der Projektidee auf allen Mitarbeiterebenen. Zwar muss nicht jeder ein begeisterter Sterbebegleiter werden, dennoch hat das Projekt dazu geführt, dass bei Einstellungsgesprächen von neuen Mitarbeiterinnen in der Altenhilfe gefragt wird, ob der Mitarbeiter oder die Mitarbeiterin sich mit dem Projekt und mit dem Thema Sterbebegleitung identifizieren kann.

Die zentrale Frage am Ende des Projektes ist, wie jene Mitarbeiterinnen erreicht werden können, die noch nicht beteiligt sind. Im Projekt wurde diese Aufgabe mit einer Zeitschrift für Mitarbeiterinnen angegangen. Die PI (Projektinformation) erscheint etwa vierteljährlich, umfasst vier bis acht Seiten und soll „berichten und erläutern, informieren und erklären, anregen und interessieren“.[3]

3 Leben bis zuletzt. Palliativbetreuung in den Alten- und Pflegeheimen der Inneren Mission München. Projekt-Information, Ausgabe 1/November 2001.

(7) Die Angehörigen

Die Bedürfnisse der Angehörigen

„Palliative Care ist ein Ansatz zur Verbesserung der Lebensqualität von Patienten und ihren Familien". Dieser Ausschnitt aus der Definition der Weltgesundheitsorganisation (Sepulveda 2002) macht deutlich, dass es in Palliative Care nicht nur um die Betreuung der Patientinnen, sondern ebenso um deren Familien und Freunde geht. Angehörige sind in zweifacher Weise wichtig: Einerseits sind sie Dienstleistungspartner, das heißt, sie helfen mit in der Betreuung der Bewohnerinnen, übernehmen wichtige organisatorische Aufgaben und sind soziale Bezugspersonen. Andererseits sind Angehörige auch Dienstleistungsempfänger, sie brauchen Entlastung im Pflegealltag, sie brauchen selbst Unterstützung, um mit der Krankheit der Bewohnerin zurecht zu kommen, sie sind selbst krank – und häufig auch selbst alt – und sie trauern. „Es ist eine verbreitete Erfahrung unter Hospizhelfern, dass der Sterbende häufig das kleinere, die Angehörigen hingegen das größere Problem sind und haben“ (Student, Mühlum, Student 2004, S. 54).

Informationsabend zur Patientenverfügung

Sie können in Ihrem Heim auf unterschiedliche Weise Angehörige einbeziehen. Gute Erfahrungen wurden im Projekt mit Informationsabenden zum Thema Patientenverfügung gemacht. Diese bieten eine Möglichkeit, sich zunächst sachlich mit dem Thema Sterben auseinander zu setzen, um dann eventuell auch persönliche Betroffenheit gemeinsam zu bearbeiten.

Aufnahmegespräch

Eine zentrale Rolle spielt auch das Aufnahmegespräch, das mit den Angehörigen geführt wird. Hier bietet sich die Möglichkeit, auf die palliativen Angebote im Haus (Hospizhelfer, Trauerbegleitung ...) aufmerksam zu machen und damit zu zeigen, wie offen mit den Themen Tod und Sterben umgegangen wird. Häufig sind es nicht so sehr die alten Menschen selbst, die Angst haben, über Tod und Sterben zu sprechen, als viel eher ihre Angehörigen und Betreuungspersonen. Ein möglichst unaufgeregter Umgang damit bereits im Aufnahmegespräch erleichtert die weitere Kommunikation.

Gelungene Kommunikation mit Angehörigen

Weitere wichtige Stationen einer gelungenen Kommunikation von Pflegenden mit Angehörigen sind das Übermitteln von schlechten Nachrichten, die Verabschiedung der Bewohnerinnen durch ihre Angehörigen, die Vorbreitung des Begräbnisses und die nachgehende Trauerbegleitung (Hockley, Clark 2002). Letztere stellt eine besondere Herausforderung dar: Wie gelingt es dem Heim, sich auch nach dem Tod der Bewohnerin als Ansprechpartnerin für die Bedürfnisse der Angehörigen zu positionieren? Im Projekt der IMM sollen die nächsten Schritte in diese Richtung umgesetzt werden.

(8) Die medizinische Versorgung im Alten- und Pflegeheim

Gute Schmerz- und Symptomkontrolle ist die zentrale medizinische Aufgabe am Lebensende. Gleichzeitig ist es eines der wichtigsten Bedürfnisse von Bewohnerinnen im Alten- und Pflegeheim, möglichst wenig Schmerzen und Symptome zu erleiden (Heimerl 2000). Die Medizin ist jedoch – organisatorisch gesehen – nur sehr lose mit dem Alten- und Pflegeheim verbunden. In aller Regel sind für die medizinische Versorgung im Alten- und Pflegeheim die Hausärzte der Umgebung zuständig, nur in Ausnahmefällen ist ein Arzt im Heim angestellt. Das Alten- und Pflegeheim ist als Einrichtung von der Berufsgruppe der Pflege dominiert – die Frage, ob es gewollt ist, dass Ärzte hier eine größerer Rolle spielen, bleibt bislang im Projekt unbeantwortet.

Die Rolle des Hausarztes

In der Arztrolle ist immer etwas zu tun, zu injizieren, zu applizieren und zu verschreiben. Nur: Am Lebensende treten andere Dimensionen in den Vordergrund. Der Arzt muss zurücktreten, weil andere Professionen auftreten. Das heißt aber nicht, dass er keine Rolle spielt. Manchmal muss er buchstäblich aus der Rolle fallen, um einfach nur da zu sein, die Patientin vielleicht zu umarmen oder um das Weinen anderer auszuhalten und auch seine eigenen Tränen nicht zu unterdrücken. Gehen ist oft leichter als bleiben – dennoch: Der Arzt, der bleibt, wird in Behandlung und Therapie menschlicher.

Das Prinzip „freie Arztwahl" und seine Grenzen

Auch in den Alten- und Pflegeheimen der IMM gilt das Prinzip der freien Arztwahl, das heißt, jede Bewohnerin kann sich ihren eigenen Hausarzt wählen. Dieses Prinzip stößt jedoch an seine Grenzen, denn: Erstens braucht es für die medizinische Betreuung im Alten- und Pflegeheim und am Lebensende spezielles Wissen, über das nicht alle niedergelassenen Ärzte verfügen oder für das sich nicht alle interessieren. Mediziner lernen in ihrer Ausbildung Menschen zu heilen, sie zu rehabilitieren und ihr Leben maximal zu verlängern. Die wenigsten haben gelernt, sich mit Sterben, Tod und Trauer in ihrer beruflichen Rolle auseinander zu setzen. Dazu braucht es andere Kompetenzen, die selten vermittelt werden – ein Defizit der Aus- und Weiterbildung.[4]
Zweitens ist das Heim oft weit entfernt vom ursprünglichen Wohnort der Bewohnerin und der gewohnte Hausarzt kann wegen der weiten Entfer-

nung nicht kommen. Alten- und Pflegeheime neigen daher dazu, bestimmte Hausärzte zu empfehlen, mit denen sie gute Erfahrungen gemacht haben.

Ethische Entscheidungen am Lebensende

Häufig sind Ärzte insbesondere dann gefragt, wenn es darum geht, schwierige ethische Entscheidungen zu treffen. Soll eine Patientin mit der Sonde ernährt werden? Soll die Bewohnerin zur Behandlung des Infektes in das Krankenhaus eingewiesen werden? Sollen wir die Bewohnerin wiederbeleben? Dies sind Fragen, mit deren Beantwortung Pflegende in der Nacht oft alleine gelassen werden. Zu ihrer eigenen Absicherung verständigen sie einen Arzt. Wie die Entscheidung ausgeht, ist meist davon abhängig, ob der kooperierende Hausarzt erreichbar ist, oder ob der Notarzt gerufen werden muss.
Im Alten- und Pflegeheim Ebenhausen wird von einer Projektgruppe ein Notfallplan ausgearbeitet, der allen Beteiligten in kritischen Situationen (z.B. in akuten Krisen nachts oder am Wochenende) Sicherheit gibt, den Willen der Betroffenen und die verein-

---

4 Aus den vier großen Heimen im Projekt der IMM hat bislang ein Arzt mit einer speziellen Weiterbildung in Palliativmedizin begonnen. Im Projekt wird dies als Erfolg gewertet. Demnach bewegt sich die Zahl aller palliativmedizinisch erfahrenen Hausärzte rund um die Heime der IMM nur im einstelligen Prozentbereich.

barten Therapieziele durchzusetzen, selbst wenn der Hausarzt nicht erreichbar ist. Ziel ist es, dass die Entscheidung nicht davon abhängt, welcher Arzt gerade Dienst hat, sondern, dass es Richtlinien gibt, die den Willen der Patientinnen aufnehmen.

Fortbildung für Hausärzte

Ärztliche Aufmerksamkeit am Lebensende ist – wie wir wissen – sehr zeitintensiv. Zeit ist Geld. Aber diese Zeit ist nicht verrechenbar mit den Krankenkassen. Eigentlich ein Skandal. Und für Kleinunternehmer, die Hausärzte sind, ist dieses Nichtbezahltwerden ein Problem. Dennoch wurde im Projekt die erfreuliche Erfahrung gemacht, dass die Hausärzte sich zunehmend für Palliative Care und für die Zusammenarbeit mit dem Alten- und Pflegeheim interessieren.
Eine gute Möglichkeit mit Hausärzten zu kooperieren stellt das Anbieten von Fortbildungen in Kooperation mit und anrechenbar durch die Ärztekammer dar. Seit kurzem liegt eine Broschüre vor, die jenes palliativmedizinische Wissen, das Ärzte in Alten- und Pflegeheimen brauchen, sehr kompakt zusammenfasst (Sandgathe, Husebø 2003).

Gute Erfahrungen in der Kooperation mit Hausärzten

Ermutigend darüber hinaus sind folgende Erfahrungen aus dem Projekt der IMM:
„Hausärzte arbeiten mit, wenn

- sie sich eingeladen fühlen;
- ihre Kompetenz nicht bestritten, sondern angefordert wird (z.B. beim Ausfüllen von Patientenverfügungen oder bei Mitarbeiterfortbildung);
- ihnen Hinweise auf palliativmedizinische Fachstellen angeboten werden;
- das Heim und die Pflege selbstbewusst und bestimmt auftreten;
- der Trialog zwischen Bewohnerin/Familie, Arzt und Heim eingeübt wird;
- sie offensiv in die Gestaltung der Sterbekultur einbezogen werden" (Kittelberger 2002b, S. 11).

(9) Palliativer Umgang mit Demenzerkrankten

Handbuch „Gebrauche deine Sinne“

Eine der fünf am Projekt beteiligten Einrichtungen der IMM ist eine Gerontopsychiatrie – der Lindenhof. In dieser Einrichtung steht die Betreuung von demenzerkrankten Patientinnen im Vordergrund. Im Rahmen des Projektes wurde rasch eines klar: Führt man sich die Prinzipien von Palliative Care vor Augen (Heller 2002), so erkennt man, dass jede Betreuung Demenzerkrankter im Kern Palliative Care ist.

In diesem Sinne wurde auf dem Lindenhof ein Handbuch entwickelt, das auf jeder Station aufliegt. Das Handbuch „Gebrauche deine Sinne“ bietet Anleitungen für die palliative Betreuung von Demenzerkrankten und zwar zu den Themen:

- Sterben und Sterbebegleitung
- Was ist Palliative Care?
- Bedürfnisse Sterbender
- Beschwerden Sterbender
- Todesnähe und schwindende Lebenszeichen
- Geborgenheit statt „Berge von Medizin“
- Tod und Abschied

- Religiöse Bedürfnisse
- Patientenverfügung
- Schmerzerfassungsbogen.

Kommunikation und Validation

Die Bedeutung der Kommunikation für den Umgang mit Demenzerkrankten kann nicht hoch genug eingeschätzt werden. „Der Weg zum Du öffnet sich nur, wenn es uns erst einmal gelingt, in Beziehung zu treten“ (Schmidl 2002). In einer Fortbildung zum Thema „Lebensqualität im Pflegeheim – Aspekte Palliativer Geriatrie“ im Rahmen des Projektes bringt Marina Kojer als Referentin das Thema mit der Frage auf den Punkt: „Habe ich erkannt, dass die Kunst geglückter Kommunikation ein wichtiger Bestandteil meines Berufsbildes ist?“. Im Zentrum des palliativen Umgangs steht die Wertschätzung gegenüber den Demenzerkrankten, wie sie durch die Methode der Validation vermittelt wird (Feil, de Klerk-Rubin 1999).

Unerkannte chronische Schmerzen

Ein großer Teil der Hochbetagten leidet unter chronischen Schmerzen, die oft genug nicht erkannt werden, weil die Patientinnen es nicht sagen können (Kojer 2002). Eigene Instrumente zur Schmerzerfassung ermöglichen es, einzuschätzen, ob Patientinnen Schmerzen haben, auch wenn sie sich dazu nicht äußern können (Kunz 2000, Abbey et al 2004). Die Schmerztherapie kann dann anhand der Ergebnisse der Schmerzerfassung umgestellt werden, ob sich was gebessert hat, erfährt man durch eine neuerliche Schmerzerfassung. Dazu werden in zwei Häusern des Projektes „Leben bis zuletzt" eigens entwickelte Instrumentarien eingesetzt. Hilfreich zur Weiterentwicklung des Umgangs mit sterbenden demenzkranken Bewohnerinnen ist das Curriculum, das die Bundesarbeitsgemeinschaft Hospiz (2003) herausgegeben hat.

(10) Leiten und Steuern

Unterstützung durch die Leitung

Die alltägliche Erfahrung im Alten- und Pflegeheim, aber auch in anderen Einrichtungen zeigt: Das Thema Sterben wird individualisiert und personalisiert, emotionalisiert und moralisiert. Für nachhaltige Veränderungen in Organisationen gilt jedoch: Das Thema gehört prioritär auf die Tagesordnung der Leitung und der Geschäftsführung. Von diesem Widerspruch leben alle Projekte mit Palliative Care (Heller et al. 2002).
Was konkret bedeutet Unterstützung durch die Leitung?
Es bedeutet, dass die Leitung des Alten- und Pflegeheimes

... das Thema „Palliative Care" als ein wichtiges Thema definiert und vorgibt;

... breite Beteiligung und damit unerwartete Projektergebnisse zulässt oder gar ermutigt;

... Mitarbeiterinnen für die Projektarbeit freistellt und andere Ressourcen zu Verfügung stellt;

... der Arbeit im Projekt durch ihre Anwesenheit bei wichtigen Ereignissen Wertschätzung entgegenbringt;

... mit dem Projektleiter und eventuellen Kooperationspartnern eine Auftrag verhandelt: kein Projekt ohne Auftrag;

... für die Verbindlichkeit von Projektergebnissen sorgt.

Im Rahmen des IMM-Projektes wurden im Leonhard-Henninger-Haus die wesentlichsten Erkenntnisse aus der Implementierung in einem Papier „Leitgedanken zur Sterbebegleitung" zusammengefasst. Dieses wurde von den Mitarbeiterinnen erarbeitet und fließt – abgestimmt auf die Bedürfnisse und Möglichkeiten dieses einen Hauses – in die Prozesse und Standards der Pflege und Betreuung ein (Heller, Metz 2005).

Rückhalt durch die Leitung

Mitarbeiterinnen brauchen absoluten Rückhalt, wenn es um das Erlernen und auch das Durchführen von Innovationen geht. Ein Beispiel aus dem Projekt „OrganisationsKultur des Sterbens"[5] soll das verdeutlichen:
In einem geriatrischen Tageszentrum schläft ein hochbetagter Gast in einem Lehnstuhl. Als die diensthabende Schwester ihn ansprechen will, erwacht er nicht und sie stellt fest, dass er keinen Herzschlag mehr hat. Die Hausärztin ist nicht erreichbar, der Notarzt wird gerufen. Dieser will die Reanimation einleiten. Die diensthabende Schwes-

---

5 Diakonie in Düsseldorf (2000): OrganisationsKultur des Sterbens – das DiD – IFF Projekt. Projektbericht. Siehe auch Heimerl Katharina et al (2001).

ter setzt sich – um das zu vermeiden – auf den Notarztkoffer und es gelingt ihr aus dieser Position heraus, den Notarzt davon zu überzeugen, lediglich den Tod festzustellen. Am nächsten Tag erhält sie Rückendeckung durch die Leitung, ihr Verhalten wird von der Heimleitung gut geheißen. Ein paar Wochen später in der Fallbesprechung berichtet die diensthabende Schwester, dass genau diese Sicherheit, dass sie in ihrem Widerstand gegen die Reanimation von der Leitung unterstützt wird, ihr erst dieses Handeln ermöglicht hat.

Der Träger trägt das Anliegen mit

Deklarierte Unterstützung durch den Träger hält der Leitung den Rücken frei. Wenn sichergestellt ist, dass Palliative Care nicht ein „exotisches" Thema für ein einzelnes Haus ist, sondern wenn klar ist, dass der Träger Initiativen zu dem Thema gut heißt und unterstützt, entsteht im Haus ein anderes Engagement und eine tragfähige Arbeits- und Vertrauensbasis.

Wissensaustausch zwischen den Häusern

Ziel des Projektes „Leben bis zuletzt" ist, dass – unterstützt durch den Träger – alle Alten- und Pflegeheime der IMM am selben Strang ziehen. Jedes Haus hat zwar seinen eigenen Weg in der Umsetzung der Hospizidee eingeschlagen, die Momente aber, in denen sich die Mitarbeiterinnen und die Leitungen der Häuser treffen, um sich gegenseitig über den Fortgang der Umsetzung der Hospizidee in ihrem Haus zu informieren, zählen zu den Höhepunkten des Projektes der IMM. Wir nennen diesen Wissensaustausch „Projektmesse". Wie auf einer Messe stellen die einzelne Häuser in „Messeständen" ihre Initiativen und Aktivitäten zum Thema „Leben bis zuletzt" dar. Zunächst braucht es etwas Mut, um den Prozess im eigenen Haus auch für andere Häuser sichtbar zu machen. Die Sorge „Wir haben im Projekt noch nicht genug erreicht, um es herzuzeigen" überwiegt am Anfang. Immer jedoch entpuppt es sich als eine große Bereicherung, zu erfahren, wie andere Häuser das Thema angehen und welche Rückmeldungen sie dem eigenen Haus zu geben haben.

Steuergruppe und Projektleitung

Leitung bedeutet für uns nicht nur Leitung der Einrichtung, sondern auch Leiten und Steuern des Projektes „Lebensqualität bis zuletzt". Die Steuergruppe des Projektes versammelt unter dem Titel „Runder Tisch" alle beteiligten Heimleitungen und die Leitung der Abteilung Altenhilfe der IMM. Hier werden Zwischenergebnisse ausgetauscht und kommentiert, nächste Schritte geplant, Öffentlichkeitsarbeit und Schwerpunkte des Projektes beschlossen.

Im Idealfall ist – so wie im Projekt der IMM – ein Mitarbeiter hauptberuflich mit der Projektleitung betraut. Für die Häuser ist er einer, „der ab und zu, jedenfalls regelmäßig mal mit dem Thema Palliative Care vorbeischaut“. Für die Abteilungsleitung ist er der erste Ansprechpartner für das Thema und der, der am meisten am Erfolg des Projektes interessiert ist. Für das Projekt ist er derjenige, der die Fäden in der Hand hält und den Fortgang sichert.

(11) Ressource Hospizbewegung

Die Hospizbewegung in Deutschland

Die Hospizbewegung in Deutschland hat in den letzten Jahrzehnten viel geleistet. Ein Tabu wurde benannt und entschärft: Unser Umgang mit dem Tod und mit sterbenden Menschen wird öffentlich diskutiert. Praktische Hilfe und Bewusstseinsbildung gehen da Hand in Hand, wo sich Menschen in der Sterbebgleitung engagieren. Viele Hospizvereine sind aus dem Leben ihrer Kommunen nicht mehr wegzudenken.

Lange hat sich die Hospizbewegung auf die Gründung von Hospizen und Palliativstationen konzentriert. Daneben wurde ein kompetentes Netz der ambulanten Betreuung von betroffenen Familien aufgebaut. Nun lernt die Hospizbewegung dazu, denn das Sterben in den Organisationen wird zum Thema. Krankenhäuser, Alten- und Pflegeheime geraten zunehmend in den Blick. Hospizhelfer werden in Heime geschickt, um zu helfen. Heime gehen ihrerseits auf Hospize zu, um sich diese Kompetenz ins Haus zu holen. Neue Formen der Hospizarbeit entstehen. Beide Seiten lernen voneinander.

Was kann ein Alten- und Pflegeheim von der Hospizbewegung lernen?

Von Beginn an hat das Projekt „Leben bis zuletzt" mit dem Christophorus Hospizverein (CHV) in München kooperiert. Seine Erfahrung, die seiner Pädagogen und anderer Fachkräfte konnten genutzt werden, um für die Vorstellung von Palliativbetreuung im Alten- und Pflegeheim zu lernen. Alten- und Pflegeheim sowie Hospizverein haben praktisch zusammengearbeitet – bis hinein in die Fortbildung und in die konkrete Palliativpflege.
Das Wissen beider Partner ist dabei gewachsen. Der CHV hat Mitverantwortung für die Implementierung übernommen: In-house-workshops, Fortbildungen, Interviews, Projektgruppen, Konzeptionen – fast alles wurde mit dem Hospizverein entwickelt. Dabei blieb die Initiative stets beim Heim, welches sich die Aufgabe der Implementierung gestellt hatte.

Was kann die Hospizbewegung von einem Alten- und Pflegeheim lernen?

Immer mehr Menschen sterben in Alten- und Pflegeheimen. Sterbebegleitung bedeutet daher für die Hospizbewegung auch, in diese Institutionen zu gehen. „Es ist nicht das Ziel der Hospizarbeit, in einigen singulären Zellen eine verbesserte Versorgung sterbender Menschen durchzuführen, vielmehr möchte sie überall da, wo gestorben wird, eine intensive Hinwendung und umfangreiche palliative Versorgung erreichen. Das gilt in besonderem Maße für die Einrichtungen der Altenpflege" (Müller, Gessler 2000). Aber: Abläufe und Strukturen in Alten- und Pflegeheimen unterscheiden sich grundsätzlich von denen in Krankenhäusern oder auf Palliativstationen. Viel gibt es für die Hospizbewegung zu folgenden Fragen zu lernen: Wie gelingt es uns, uns gut in den Alltag im Alten- und Pflegeheim zu integrieren? Welche Besonderheiten müssen wir im Alten- und Pflegeheim beachten, mit wem kooperieren wir, welche Vereinbarungen treffen wir, damit wir als Hospizbewegung nicht zum Störfaktor werden, sondern zum menschenwürdigen Umgang mit Sterbenden beitragen?

Weitere hospizliche Vernetzung

Der Kontakt zur Hospizbewegung war allen Projektbeteiligten vom ersten Tag an wichtig. Von der Bundesarbeitsgemeinschaft Hospiz bis zur Bayerischen Stiftung Hospiz gilt Vernetzung, Erfahrungsaustausch und Zusammenarbeit als Gebot der Stunde. Dies hat sich ausgezahlt. Schließlich konnte die IMM einen eigenen ambulanten Hospizdienst gründen, der Hospizhelfer ausbildet und im Heim einsetzt.
Das Projekt „Leben bis zuletzt" ist inzwischen national und international fachlich und politisch an der Diskussion um die Sterbekultur in der stationären Altenhilfe beteiligt: mit Fachleuten aus der Palliative

Care, mit der Hospizbewegung und mit anderen Heimen und Trägern. So wurde Vernetzung stets als Ressource wahrgenommen. Sie galt und gilt als unabdingbar in diesem Projekt.

(12) Patientenverfügung – Vorsorgevollmacht – Betreuungsverfügung

Was ist eine Patientenverfügung?

Aus hospizlicher Sicht ist eine Patientenverfügung „... eine vorsorgliche schriftliche Erklärung, durch die ein einwilligungsfähiger Mensch zum Ausdruck bringt, dass er in bestimmten Krankheitssituationen keine Behandlung mehr wünscht, wenn diese letztlich nur dazu dient, sein ohnehin bald zu Ende gehendes Leben künstlich zu verlängern" (Klie und Student 2001, S. 156).

Warum eine Patientenverfügung?

Patientenverfügungen sind aus der Sorge um den zunehmenden Verlust an Selbstbestimmtheit am Lebensende heraus entstanden. Die Bewohnerinnen im Projekt der IMM sehen das so: „Entscheiden tun immer Ärzte, was geschieht ... und ob die sich dann danach richten, ob die sich nicht denken, länger leben, das sei besser ... Ich bin nicht für aktive Sterbehilfe, aber ich möchte, dass man mich in Ruhe sterben lässt."
Eine andere Bewohnerin drückt das so aus: „ Die Patientenverfügung habe ich ausgefüllt und habe die

selbe auch meiner Tochter gegeben und mein Hausarzt hat sie auch. So dass ich mich damit persönlich abgesichert habe. Mein Wunsch ist, wenn man merkt, dass man stirbt, vielmehr wenn die anderen es merken, dass ich mit gar keinen Mitteln mehr am Leben erhalten bleiben möchte ... Ich habe eine Magensonde abgelehnt ... so dass ich in Ruhe sterben kann."[6]

Welche Patientenverfügung?

Für das Erstellen einer Patientenverfügung gibt es zahlreiche Formulare, die dabei helfen sollen, eine eigene, persönliche Verfügung zu erstellen und die dazu Textbausteine liefern. Wir wollen hier insbesondere auf die Patientenverfügung des Bayerischen Ministerium für Justiz[7] hinweisen sowie auf die Homepage der Bundesarbeitsgemeinschaft Hospiz[8]. Einen guten Überblick über weitere Formulare bietet die Broschüre der Akademie für Ethik und Recht in der Medizin (AEM) (Arbeitsgruppe „Sterben und Tod", 1998).

---

6 Hörfunk Bayern 2: „Leben bis zuletzt" Hospizprojekt der IMM. Radiosendung am 9.2.2004, 22.30 Uhr.

7 www2.justiz.bayern.de/daten/pdf/vorsorge2004.pdf

8 www.hospiz.net/gesetze/index.html

Patientenverfügungen fördern Gespräche

Dort empfiehlt die AEM, dass Patientenverfügungen nicht nur im ambulanten und stationären Medizinbereich, sondern auch in Alten- und Pflegeheimen verwendet werden. Patientenverfügungen sind eine wesentliche Ergänzung in der Kommunikation zwischen Betreuern (Pflege, Ärzte) und Bewohnerinnen, keinesfalls sind sie natürlich ein Ersatz für das Gespräch. Vielfach haben wir im Projekt die Beobachtung gemacht, dass das Auseinandersetzen mit dem Thema Patientenverfügung Gespräche stimuliert und den Austausch zwischen den Bewohner(inn)en, ihren Angehörigen und den professionellen Betreuungspersonen fördert. So wird seit Januar 2004 im Alten- und Pflegeheim Dachau monatlich eine „Sprechstunde zur Patientenverfügung“ angeboten, in der Bewohnerinnen und ihre Angehörigen individuelle Beratung erhalten.

Verbindlichkeit des Alten- und Pflegeheimes

Patientenverfügungen sind jedoch nicht nur eine Vereinbarung zwischen zwei Personen (der Bewohnerin und ihrem behandelnden Arzt). Damit sie im Ernstfall zu Anwendung kommen, braucht es Verbindlichkeit von Seiten des Alten- und Pflegeheimes. Es spricht daher viel dafür, dass die Träger von solchen Einrichtungen, die Möglichkeit der Patientenverfügung in ihr Leitbild aufnehmen, dass es in der Einrichtung Leitlinien für den Notfall gibt, die den Umgang mit Patientenverfügungen festlegen und dass die Pflegedokumentation festhält, ob und wo eine Patientenverfügung vorliegt.

Vorsorgevollmachten und Betreuungsverfügungen

Patientenverfügungen werden in guten Zeiten geschrieben. Sind wir wirklich sicher, dass wir uns vorstellen können, was unser Wille dann sein wird, wenn wir schwerkrank sind, und uns nicht mehr äußern können? Idealerweise sollten Patientenverfügungen daher mit Vorsorgevollmachten oder mit Betreuungsverfügungen kombiniert werden. Bei der Vorsorgevollmacht geht es darum, „... dass eine andere Person das Recht erhalten soll für mich, für den Patienten, in verbindlicher Weise zu entscheiden. Der Bevollmächtigte vertritt den Patienten gegenüber den behandelnden Ärzten und Pflegekräften ..." (Klie, Student 2001, S.36).
Häufig verbinden Bewohnerinnen mit der Patientenverfügung hohe Erwartungen, zu hohe Erwartungen, was das Durchsetzen des Bedürfnisses nach „Sterben in Würde" betrifft. Mit Recht stellt sich für uns die Frage: „... warum für die Durchsetzung eines ‚Sterbenkönnens in Würde' überhaupt Patientenverfügungen notwendig seien, statt einem gezielten Ausbau von Palliativ- und Hospizdiensten?" (Zieger et al. 2002).

(13) Ein Alten- und Pflegeheim ist ein Netz

Palliativbetreuung im Heim bedeutet „maximum communication"

Palliativbetreuung ist ein ganzheitliches Konzept. Die Mitarbeiterinnen sehen die Bewohnerin, ihre Familie und die Mitbewohnerin, weil keiner isoliert existiert. Gewürdigt werden die seelischen und sozialen Bedürfnisse genauso, wie die körperlichen oder psychologischen. Daher denkt und handelt man in den palliativen Kulturen interdisziplinär und interprofessionell (Heller et al. 2003). Jede Berufsgruppe hat etwas beizutragen, wenn es darum geht, eine Bewohnerin zu verstehen und ihr gerecht zu werden. Schmerzen beispielsweise können viele Ursachen haben. Eine kritische Verschlechterung des Allgemeinzustandes, eine drohende Einweisung ins Krankenhaus, eine Krise oder der Wunsch nach intensiver Zuwendung – all dies muss wahrgenommen, dokumentiert und kommuniziert werden. Zusammenarbeit ist unabdingbar. Palliativbetreuung schließt daher die Mitarbeiterinnen eines Hauses zusammen und bindet externe Personen ein. Gespräche und Abstimmung sind nötig, wenn vorschnelle oder falsche Entscheidungen vermieden werden sollen. Palliative Care ist häufig mit folgendem Schlagwort von der kurativen Behandlung abgegrenzt worden: „low tech – high touch“. Wir wollen dies für die Palliativbetreuung im Heim ergänzen mit dem Kürzel „umfassende Kommunikation“.

Palliativbetreuung beginnt bei der Aufnahme in das Heim

Palliativbetreuung beginnt in den am Projekt beteiligten Alten- und Pflegeheimen mit ausführlichen Aufnahmegesprächen durch Heimleitung oder Überleitungspflege. Dort werden wichtige Fragen angesprochen – auch die nach der Patientenverfügung und dem Angebot des Hospizdienstes. Soziale Anamnese und fortgesetzte Gespräche mit den Angehörigen und dem Hausarzt sind in der Pflege wichtig. Dokumentation und Kommunikation sind zentral. Das Wissen um die Bewohnerin soll umfassend sein, damit die Betreuenden in kritischen Zeiten und in der letzten Phase des Lebens auf Bedürfnisse adäquat eingehen können. Zunehmend wird daher im Projekt in den Kategorien eines Netzes der Begleitung gedacht:

Palliativbetreuung – ein Netz, das gepflegt werden will

Die Heime sprechen mit den Hausärzten über Palliativmedizin und Notfallstandards; mit den Pfarrern der Umgebung klären sie die seelsorgerliche Präsenz

und sprechen sich bei den Ritualen ab. Die Beteiligten lernen voneinander. Palliativfachkräfte von außen werden zu Rate gezogen und eigene Fachkräfte ausgebildet. Die Beobachtungen der Therapeutinnen im Haus sind genauso wichtig wie die Wünsche, Informationen und Anregungen der Angehörigen. Ehrenamtliche Helfer begleiten Bewohnerinnen intensiv und werden darin angeleitet und unterstützt. Manche Bewohnerinnen regeln alles mit dem Arzt. Andere Bewohnerinnen haben eher Kontakt zu einer Reinigungskraft, der sie vertrauen. All das haben wir erlebt. Das Projekt ist geprägt von dem Bemühen, solche Kontakte gleichwertig zu sehen und zu würdigen. In den Fortbildungen und Projektgruppen sitzen manchmal alle Gruppen zusammen – einschließlich Angehöriger und Bewohnerin. Diese Offenheit wird geschätzt.
Ein Netz will gepflegt werden. Das macht Mühe und braucht Absprachen. Es schafft aber auch ein gutes Arbeitsklima und strahlt Vertrauen aus. Dies spüren alle Beteiligten. Der palliative Grundgedanke hat auf alle Bereiche der Betreuung positive Auswirkungen.

(14) Implementierung von Palliativbetreuung – ein Prozess wird sichtbar

Idee und Realität des Alltags

Gegen Ende dieses Buches zeichnet sich ein Bild ab: Palliativbetreuung ist ein Begriff, der gute Pflege und Begleitung alter Menschen im Heim beinhaltet. Sie zeichnet sich dadurch aus, dass das Lebensende, das Sterben, der Abschied und die Trauer als Realität im Alltag des Hauses im Blick sind. In diesen Blick sind alle Betroffenen eingeschlossen – auch die Angehörigen der Bewohnerinnen und die Mitarbeiterinnen des Hauses. Palliativbetreuung zeichnet sich weiterhin durch interdisziplinäres Denken und Handeln aus, wodurch externe Betreuer und Begleiter einbezogen werden.
Die Implementierung von Palliativbetreuung benennt einen Prozess, der mittels interventionsorientierter Organisationsentwicklung und durch Projektmanagement angelegt ist: Vernetzung, Kommunikation und Wissenstransfer sorgen im Dialog mit der Hospizarbeit für die Übertragung dieser Ideen in die Pflegeabläufe eines Hauses.
Für das Ergebnis solcher Prozesse gibt es keine engen Vorgaben, weil jede Situation anders sein wird und jedes Haus eigene Voraussetzungen mitbringt.

Man kann dafür keine standardisierten Handlungsanweisungen geben. Aber wir haben in Deutschland und anderen Ländern Erfahrungen gesichtet. Wir kennen Schritte, die auf diesem Weg wichtig geworden sind. Wir kennen Themen und Fragestellungen, die immer wiederkehren. Wir glauben, dass man an den Prozess der Implementierung Kriterien anlegen kann, die zumindest eine Richtung vorgeben. So lässt sich dann am Ergebnis auch die Palliativkompetenz eines Alten- und Pflegeheimes zum Beispiel in Form von Indikatoren einer palliativ orientierten Sterbe- und Abschiedskultur beschreiben.

Steuergruppe, Leitbild, regelmäßiger Wissensaustausch und Öffentlichkeit

Im Kapitel „Leiten und Steuern“ haben wir den „Runden Tisch“ als hausübergreifende Steuergruppe beschrieben. Zusätzlich dazu wurden auch gute Erfahrungen mit hausinternen Steuerungsgruppen gemacht, die sich das Thema für etwa zwei bis drei Jahre vornehmen. Sie sind interprofessionell besetzt. Es zeigt sich, dass ohne Vernetzung und ohne regelmäßigen Wissensaustausch mit anderen Häusern und mit der Hospizbewegung das Unternehmen scheitern wird. Wenn aus Ideen und Projekten Routine im guten Sinn werden soll, ist dieser Austausch essentiell. Der erklärte und dokumentierte Wille des Trägers ist eine Voraussetzung für die erfolgreiche Implementierung. Das muss sichtbar wer-

den – etwa im Leitbild eines Hauses. Sonst sind die Widerstände zu hoch.
Erfreulich ist, wenn es gelingt das Anliegen Palliative Care im Leitbild zu verankern. So enthält das „Leitbild der Abteilung *Stationäre Altenhilfe* in der Inneren Mission München" seit März 2004 den Satz „... Als Geschöpf Gottes besitzt jeder Mensch eine unverlierbare Würde, die wir achten und pflegen. So schließt die *Hilfe im Leben* auch die Begleitung in schwerer Krankheit und im Sterben ein, die ihren Ausdruck in unserer Hospizarbeit findet ..."
Wir haben erlebt, dass Literatur und vorliegende Curricula helfen, aber nicht genügen. Die ausführliche Befragung der Betroffenen und die Auseinandersetzung mit ihnen ist unabdingbar. Das reicht von den Wünschen und Vorstellungen der Mitarbeiterinnen über die Wünsche der Bewohnerinnen bis zu den Vorstellungen der Angehörigen. Hier ist Sorgfalt nötig.
Hilfreich ist eine permanente Öffentlichkeitsarbeit. So wird das Anliegen einer guten Palliativkultur stets wachgehalten, nach innen und nach außen erinnert und immer wieder durch Mitdenkerinnen korrigiert. Das ist heilsam und nötig.
Letztlich sind es die alten Menschen im Heim selbst gewesen, die im Projekt immer wieder ermutigt, angeregt und auch gefordert haben. Ihnen kommt alle Mühe zugute. Es lohnt sich.

(15) Sterben in der stationären Altenhilfe – ein globales Thema der Kommunen

Implementierung hat Grenzen

Es ist evident, dass Projekte zunächst im Kontext bestimmter Organisationen relevant werden können. Organisationen bearbeiten die zentralen Fragestellungen in unseren modernen Gesellschaften. In der Regel ist die Reichweite dieser Organisationen begrenzt. Im Rahmen der Organisation finden daher Qualitäts- und Optimierungsprozesse statt. Nun zeigt sich aber, dass gerade die Versorgung Sterbender und ihrer Angehörigen im Altenheim in den entsprechenden Einrichtungen grenzüberschreitendes Handeln und Denken erfordern.
Implementierung hat Grenzen (vgl. Lilie 2004, Isensee 2004, Heller 2002). Sie liegen darin, dass sie im Kontext des Bestehenden angelegt, sozusagen Optimierungsprogramme des Status quo sind. Konzeptuell muss allerdings der dramatisch steigende Versorgungsbedarf einerseits von Organisationen aufgenommen, andererseits aber in völlig neuen Kategorien der Versorgung gedacht und organisiert werden.

Versorgung ist grenzüberschreitend

In einigen Städten Deutschlands – und München zählt dazu – wird das Sterben in einem breiten innerstädtischen Versorgungskonzept aufgenommen. München verfügt über eine gut ausgebaute, binnendifferenzierte palliative und hospizliche Versorgungsstruktur – eines der fruchtbarsten Ergebnisse einer jahrzehntelangen selbstlosen Aufbau- und Ausbauarbeit des Christophorus Hospizverein. Wir müssen heute die Altersfrage und das Sterben im hohen Alter neu als ein kommunales Thema von Netzwerkarbeit und Gemeinwesenorientierung, von bürgerschaftlichem Engagement und neuen Versorgungsstrukturen diskutieren. Diese Debatte greift Fachdiskussionen auf, die in die Forderung nach einer deutschen Heimenquête münden (Dörner et al. 2001, Klie et al. 2004).
Ob und welchen Platz Alten- und Pflegeheime in einem solchen breiten Versorgungskonzept haben, bleibt abzuwarten. Das Modellprojekt der IMM jedenfalls trägt zu diesem Gesamtkonzept bei, geht es doch darum, die „Leitkategorie Menschenwürde" (Reitinger et al. 2004) zum festen Bestandteil der Umsorgungs- und Organisationskultur zu machen.

(16) Literatur

Abbey J., Piller N., De Bellis A., Estermann A., Parker D., Giles L., Lowcay B.: The Abbey pain scal: a 1-minute numerical indicator for people with end-stage dimentia. International Journal of Nursing Vol. 10 (1), 6-13

Alsheimer Martin (o.J.): Das Netz der Begleitung knüpfen. Und: Dem Sterben ein Zuhause geben. Didaktische Materialien für Alten- Krankenpflege und Hospizarbeit. Martin Alsheimer, Bullburg 11, 86633 Neuburg a.d.D.

Arbeitsgruppe „Sterben und Tod" der Akademie für Ethik und Recht in der Medizin e.V. (1998): Patientenverfügung Betreuungsverfügung Vorsorgevollmacht Eine Handreichung für Ärzte und Pflegende. Göttingen

Bundesarbeitsgemeinschaft Hospiz e.V. (Hrsg.) (2002): Patientenverfügungen – Fügen oder Verfügen? Wuppertal: Schriftenreihe der BAG Band III

Bundesarbeitsgemeinschaft Hospiz e.V. (Hrsg.) (2003): MIT-GEFÜHLT. Curriculum zur Begleitung Demenzkranker in ihrer letzten Lebensphase.
ISBN 3-9808351-4-6, der hospiz verlag

Conradi Elisabeth (2001): Take Care. Campus Fachbuch

Degen Johannes (2003): Freiheit und Profil. Wandlungen der Hilfekultur – Plädoyer für eine zukunftsfähige Diakonie. Gütersloh: Chr. Kaiser/Gütersloher Verlagshaus gmbH 2003

Dörner K., Hopfmüller E., Röttger-Liepmann B. (2001): Für eine Auflösung der Heime. Aufforderung an den Deutschen Bundestag, eine „Enquete der Heime" einzusetzen. Dr. med. Mabuse 133, September/Oktober, 29-26

Feil Naomi, de Klerk-Rubin Vicky (1999): Validation. Ein Weg zum Verständnis verwirrter alter Menschen. München: Ernst Reinhard

Heimerl Katharina (2000): Erfahren, wie alte Menschen sterben wollen. Systemische Evaluation im Rahmen des Projektes „OrganisationsKultur des Sterbens". In: Heller Andreas, Heimerl Katharina, Husebø Stein (Hrsg.): Wenn nichts mehr zu machen ist, ist noch viel zu tun. Wie alte Menschen würdig sterben können. Freiburg i.Br.: Lambertus, 83-110

Heimerl Katharina (2002): Dimensionen patientenorientierter Qualität in Palliative Care. In: Christian Metz, Monika Wild, Andreas Heller (Hrsg.): Balsam für Leib und Seele. Pflegen in Hospiz- und Palliativer Betreuung. Freiburg i.Br.: Lambertus

Heimerl Katharina, Heller Andreas, Stelling Christa (2001): Regeln, Routinen, Rituale: OrganisationsKultur des Sterbens in den Leben im Alter Zentren in Diakonie in Düsseldorf. In: Heimerl Katharina, Heller Andreas (Hrsg.): Eine große Vision in kleinen Schritten. Aus Modellen der Hospiz- und Palliativbetreuung lernen. Freiburg i.Br.: Lambertus 131-140

Heller Andreas (2000): Die Einmaligkeit von Menschen verstehen und bis zuletzt bedienen. Palliative Versorgung und ihre Prinzipien. In: Heller Andreas, Heimerl, Katharina, Husebø Stein: Wenn nichts mehr zu machen ist, ist noch viel zu tun. Freiburg i.Br.: Lambertus, 9-24

Heller Andreas (2002): Der Umgang mit Sterbenden – individualisierte und standardisierte Versorgung. In: Christian Metz et. al (Hrsg.): Balsam für Leib und Seele. Pflege in Hospiz und palliativer Betreuung. Freiburg i.Br.: Lambertus 2002, 176-191

Heller Andreas, Dinges Stefan, Heimerl Katharina, Reitinger Elisabeth, Wegleitner Klaus (2003): palliative Kultur in der stationären Altenhilfe. Zeitschrift für Gerontologie und Geriatrie 36:360-365

Heller Andreas, Heimerl Katharina, Pleschberger Sabine, Husebø Stein, Sandgathe Husebø Bettina (2002): Palliative Kultur. In: weiterbildungsprogramm hospiz- und palliativarbeit. kursbuch palliative care 4/2002, 5-7

Heller Andreas, Krobath Thomas (2003), Organisations-Ethik. Organisationsentwicklung in Kirchen, Caritas und Diakonie. Freiburg i.Br.: Lambertus

Hockley Jo M., Clark David (eds.) (2002): Palliative Care for Older People in Care Homes. Buckingham: Open University Press

Isensee Friederike (2004): Standardisiertes Sterben – welchen Nutzen haben wir davon? In: Lilie Ulrich, Zwierlein Eduard: Handbuch integrierte Sterbebegleitung, Gütersloh: Gütersloher Verlagsanstalt, 50-59

Jacobi Thorsten, May Arnd T., Kielstein Rita, Bienwald Werner (Hrsg.) (2001): Ratgeber Patientenverfügung. Vorgedacht oder selbstverfasst? Münster: LIT Verlag

Kittelberger Frank (2002a): „Palliative Care im Pflegeheim – Neuanfänge vor dem Hintergrund bewährter Hospizarbeit in Bayern“; in: H.P. Bischof, K. Heimerl, A. Heller (Hrsg.): Für alle die es brauchen. Integrierte Palliative Versorgung – das Vorarlberger Modell; 2002; Freiburg i.Br., S. 240-249

Kittelberger Frank (2002b): Leben bis zuletzt in Alten- und Pflegeheimen. Ein Leitfaden für alle, die über die Implementierung von Palliativbetreuung und Hospizidee in Einrichtungen der Stationären Altenhilfe nachdenken. Bayreuth: Bayerische Stiftung Hospiz. www.bayerische-stiftung-hospiz.de

Kittelberger Frank (2004): „... und das nicht nur im Pflegeheim“; Vortrag auf dem IFF/ÖRK-Symposium „Sterbefall Mensch“ am 17.4.2004 in Wien. Zu finden auf

der Homepage Bayerische Stiftung Hospiz. www.bayerische-stiftung-hospiz.de
Klie Thomas., Student Johann-Christoph (2001): Die Patientenverfügung. Was Sie tun können, um richtig vorzusorgen. Freiburg i.Br.: Herder spektrum
Klie Thomas (2002): Wohngruppen für Menschen mit Demenz, Hannover: Vincentz
Klie Thomas et.al (2004): Bürgerschaftliches Engagement und Ehrenamt in Baden Württemberg. 1 Wissenschaftlicher Landesbericht 2002/2003; hrsgg. vom Sozialministerium Baden-Württemberg, Stuttgart
Kojer Marina (Hrsg.) (2002): Alt, krank und verwirrt. Einführung in die Praxis der Palliativen Geriatrie. Freiburg i.Br.: Lambertus
Kunz Roland (2000): Schmerzerfassung bei Patienten mit Kommunikationsstörungen. Erfahrungen mit dem Instrument Doloplus. Infokara 5 (2), 14-16
Leben bis zuletzt (2001). Palliativbetreuung in den Alten- und Pflegeheimen der Inneren Mission München. Projekt-Information, Ausgabe 1/November 2001
Leben bis zuletzt (2002): Palliativbetreuung in den Alten- und Pflegeheimen der Inneren Mission München. BewohnerInnenbefragung im Alten- und Pflegeheim Ebenhausen. Dokumentation. Wien: IFF Palliative Care und OrganisationsEthik, zu beziehen über: Pfr. Frank Kittelberger, Projektstelle Hospizarbeit & Fachstelle Supervision in der Abt. Altenhilfe d. Inneren Mission München, Landshuter Alle 40, D-80637 München
Lilie Ulrich (2004): Zur Implementierung der Hospizidee in Krankenhäusern und Einrichtungen der Altenhilfe. In: Lilie Ulrich, Zwierlein Eduard: Handbuch integrierte Sterbebegleitung, Gütersloh: Gütersloher Verlagsanstalt, 45-49
Loewy Erich H. and Loewy Roberta (2000): The Ethics of Terminal Care. Orchestrating the Ende of Life, Kluwer

Müller Monika, Kessler G. (2000): Implementierung von Hospizidee und Palliativpflege in die Struktur und Arbeitsabläufe eines Altenheims- Eine Orientierungs- und Planungshilfe. Bonn: Pallia Med Verlag

Orth Christel, Alsheimer Martin, Koppitz Andrea, Isfort Maria (2002): Implementierung der Hospizidee im St. Josefs-Heim, München-Haidhausen. Bayreuth: Bayerische Stiftung Hospiz. www.bayerische-stiftung-hospiz.de

Pleschberger Sabine (2003): „Die Wünsche, die wir noch haben ...". Menschen in Altenpflegeheimen und ihre Sichtweise auf Würde im Leben, Sterben und Tod. Wien, unveröffentlichter Forschungsbericht

Reitinger Elisabeth, Heller Andreas, Tesch-Römer Clemens, Zeman Peter (2004): Leitkategorie Menschenwürde. Zum Sterben in stationären Pflegeeinrichtungen. Freiburg i.Br.: Lambertus

Reitinger Elisabeth, Wegleitner Klaus (2004): Palliativversorgung in der stationären Altenhilfe. Dokumentation zur 1. internationalen IMM-IFF Fachkonsultation. kursbuch palliative care 8/2004, Wien: Eigenverlag

Sandgathe Husebø Bettina, Husebø Stein (2003): Die letzten Tage und Stunden. Behandlung und Betreuung in den letzten Tagen des Lebens. Bergen: Grünenthal

Schmidl Martina (2002): Was ist Lebensqualität? In: Kojer Marina (Hrsg.): Alt, krank und verwirrt. Einführung in die Praxis der Palliativen Geriatrie. Freiburg i.Br.: Lambertus, 364-377

Sepulveda C et al: (2002): Palliative Care: The World Health Organization's Global Perspective. JPSMEU 2002; 24:91-96

Student Johann-Christoph, Mühlum Albert, Student Ute (2004): Soziale Arbeit in Hospiz und Palliative Care. München: Ernst Reinhard, UTB

Wilkening Karin, Kunz Roland (2003): Sterben im Pflegeheim. Perspektiven und Praxis einer neuen Abschiedskultur. Göttingen: Vandenhoeck & Ruprecht

WHO (1990): Cancer pain relief and palliative care. Report of a WHO Expert Committee. Geneva: World Health Organization, S.11

WHO (2004): Better Palliative Care for Older People. Copenhagen: WHO Regional Office for Europe

Zieger Andreas, Holfelder H.H., Bavastro P., Dörner Klaus (2002): Sind Patientenverfügungen ein geeignetes Mittel für eine „Sterben können in Würde"? Kritische Überlegungen aus beziehungsethischer Sicht. Deutsches Ärzteblatt, 14: 2002

Zulehner Paul M. (2001): Jedem seinen eigenen Tod. Für die Freiheit des Sterbens. Ostfildern: Schwabenverlag

(17) Die Autorin und die Autoren

Katharina Heimerl
Dr. med. MPH, Medizinstudium in Wien, Ausbildung zur praktischen Ärztin, Public Health-Studium an der University of California, Berkeley, seit 1995 wissenschaftliche Mitarbeiterin an der IFF-Fakultät der Universität Klagenfurt, seit 1998 an der Abteilung Palliative Care und OrganisationsEthik, Wien.

Andreas Heller
Prof. Dr. theol., M.A., Leiter der Abteilung Palliative Care und OrganisationsEthik der IFF-Fakultät der Universität Klagenfurt, Wien.

Frank Kittelberger
Evangelischer Pfarrer und Pastoralpsychologe; Lehrsupervisor (DGfP); Supervisor (DGSv); Gruppenanalytiker (GAG). Position: Projektstelle Hospizarbeit und Fachstelle Supervision in der Abteilung Altenhilfe der Inneren Mission München (IMM).